STECKBRIEF
LENA MEYER-LANDRUT

Geburtstag	:	23. Mai 1991
Geburtsort	:	Hannover
Sternzeichen	:	Zwilling
Wohnort	:	Hannover-Misburg
Haarfarbe	:	braun
Augenfarbe	:	braun
Größe	:	1,66 Meter
Hobbys	:	Singen, Tanzen, Schauspiel, Kino

Bisherige Laufbahn
Schule (IGS Roderbruch, Hannover)
TV-Komparsenrollen

1. Auftritt bei „Unser Star für Oslo"	:	2. Februar 2010
Sieg „Unser Star für Oslo"	:	12. März 2010
Eurovision Song Contest	:	29. Mai 2010

Homepage	:	www.lena-meyer-landrut.de
Fanclub	:	www.lenameyerlandrut-fanclub.de

Autogrammadresse
Brainpool TV
Schanzenstraße 22
51063 Köln

UNSERE LENA

EIN MÄDCHEN VERZAUBERT EUROPA

lovely Lena

Von Null auf Hundert in wenigen Wochen – Lena Meyer-Landrut hat geschafft, was kaum jemandem gelingt. Und was noch seltener ist: Alle lieben sie dafür! Die 19-Jährige hat zuerst die „Unser Star für Oslo"-Jury, dann Deutschland und schließlich ganz Europa verzaubert. Die Euphorie kennt keine Grenzen: „Einfach hinreißend" finden sie die Engländer. „Lena, Europa liebt dich", jubelt die dänische Presse. Gleich nach ihrem grandiosen Sieg beim 55. Eurovision Song Contest in Oslo belegte Lena in elf Ländern und den jeweiligen Download-Stores die ersten Plätze. Und spätestens da verstummten die wenigen Kritiker und gestanden kleinlaut, dass auch sie eigentlich Fans von lovely Lena sind.

Viele fragen sich, was das Geheimnis von Lena Meyer-Landrut ist, und die Antwort ist verblüffend einfach. Klar ist Lena hübsch, und sie kann auch gut singen. Aber das Besondere an ihr ist das Normale. Lena ist anders als andere Stars, weil sie keine Rolle spielt und kein Image braucht. Nicht mal eine Atemtechnik! Sie ist immer sie selbst – egal, ob vor der Kamera, auf der Bühne oder bei ihren Fans: umwerfend natürlich, super sympathisch, absolut spontan, überzeugend authentisch und total unerschrocken.

Schon als das lustige, hübsche Mädchen mit den langen dunklen Haaren zum ersten Mal in der Castingbox von „Unser Star für Oslo" zu sehen war, spürte jeder, dass die irgendwas hat. Das Phänomen Lena wurde schnell ein Selbstläufer, auch jenseits der großen Casting-Maschinerie, durch die sie entdeckt wurde. Eine Welle der Sympathie schwappt Lena entgegen und trug sie zu ihrem Sieg nach Oslo.

Was die Menschen aber am allermeisten an Lena beeindruckt, ist ihr wundervolles, mitreißendes Strahlen. Keiner kann sich so überzeugend freuen wie Lena, und keiner kann das so toll ausdrücken wie sie. Sogar die Videos mit ihren Sprüchen haben auf YouTube traumhafte Aufruf-Zahlen …

Inhalt

Europa zu Gast in Oslo – der Eurovision Song Contest 2010	20
Satellite – Ein Lied kreist um die Welt	31
Punkte für Lena – So hat Europa für sie abgestimmt	32
Endstand des 55. Eurovision Song Contests in Oslo	35
Promi-Stimmen zu Lenas Erfolg	48
55 Jahre Eurovision Song Contest	52
Alle Sieger des Eurovision Song Contests von 1956 bis 2010	60
Lenas Weg nach Oslo	62
Coole Sprüche	74
Stefan Raab – der Entdecker	76
Lenas Welt	84
Trendsetterin	90

IMPRESSUM

© 2010

ZEITGEIST MEDIA GmbH
Verlag und neue Medien
Niederkasseler Str. 2
40547 Düsseldorf
Tel. 0211-556255
Fax 0211-575167
info@zeitgeistmedia.de
www.zeitgeistmedia.de

VERTRIEB
GeoCenter/KNO

HERAUSGEBER
Hubert Bücken

REDAKTION
Katharina Fleischer

AUTOREN
Thomas Allstedt
Katharina Fleischer
Inga Küll
Claudia Lück

GESTALTUNG
Marcus Eckhardt, eckXakt

DRUCK
MohnMedia Gütersloh

ISBN 978-3-934046-21-4

Bildnachweis

Titel: picture alliance / dpa, Jörg Carstensen

Rücktitel: ddp imgages/Nigel Treblin

ddp images
22, 24, 26 (6), 30, 36/37, 38, 44, 49 (3 + 4), 62, 64/65, 78, 83, 84, 87; AP Photo/Jens Meyer 80; AP Photo, scanpix/Lise Aserud 27 (4); apn Photo/Joerg Sarbach 42, 92/93; Focke Strangmann 12/13, 37 (kl.), 42/43; Jochen Luebke 56 (u.); Lennart Preiss 88; Nestor Bachmann 81; Nigel Treblin 2/3, 10/11, 26 (1), 27 (9), 31, 52, 74/75; Philipp Guelland 9; Steffi Loos 85; Volker Hartmann 79 (u.);

EBU
Indrek Galetin/Alain Douit/Giel Domen 14/15, 16/17

picture alliance
dpa: 48 (3.), 54, 55 (o.), 56 (o.), 59, 79 (o. l.), 86 (l.); Bernd Thissen 48 (2.); Bodo Marks 49 (2.); Cornelius Poppe 26 (2), 27 (3), 34/35; Fabian Bimmer 25; Gorm Kallestad 27 (10); Horst Galuschka 48 (4.); Istvan Bajzat 55 (u.); Jens Nærgaard Larsen 53; Jochen Lübke 45, 46/47; Jörg Carstensen 26 (5 + 8), 66, 67, 68/69, 70/71, 72/73, 89, 91; LEHTIKUVA / Sari Gustafsson 27 (7); Lise Aserud 23; Maurizio Gambarini 40/41, 50/51, 94/95; Oliver Berg 58; Robert Schlesinger 63; Tobias Hase 82; Valeriy Melnikov 18/19; Wolfgang Langenstrassen 57; **Bildagentur Huber:** 20/21; **DeFodi:** 39; **radio tele nord:** 33; **scanpix:** Cornelius Poppe 28, 86 (r.); Gorm Kallestad 29; **Schroewig:** Jens Koch 79 (o. r.); **ZB:** Karlheinz Schindler 49 (5.); **Sven Simon:** 48 (1.), 49 (1.), 76/77

Universal Music 2010
6/7, 72 (Cover), 90

Unser Star für Oslo

Seit Wochen herbeigesehnt: Lenas großer Auftritt beim 55. Eurovision Song Contest in Oslo am 29. Mai 2010. Selbstbewusst und frech performt sie ihren Hit „Satellite". Schon die ersten Takte reißen das Publikum in der Telenor Arena mit. Und zu Hause feiert ganz Deutschland und drückt die Daumen. „Nicht so viel denken, atmen, noch was trinken und das war's", beschreibt Lena später ihre letzten Minuten vor dem Auftritt.

Germany, 12 Points!

00.05 Uhr – ARD-Kommentator Peter Urban stellt fest: „Lena kann nicht mehr eingeholt werden!" In Lenas Heimatstadt Hannover gibt es kein Halten mehr. Um 00.11 Uhr ist es dann offiziell – Lena gewinnt mit 246 Punkten. Deutschlandweit feiern die Fans ihre neue Grand-Prix-Heldin.

Ein Moment wie dieser ...

Davon wird Lena bestimmt noch ihren Urenkeln erzählen. Ungläubig und gerührt schreitet sie zur Siegerehrung. Ihr Auftritt hat europaweit überzeugt. „Wenn's drauf ankommt, wird's gut", hört man Lena später resümieren.

Crazy Lena

Selbst bei der Siegerehrung bleibt Lena ihrem schrägen Charme treu ... Mit der Deutschlandfahne über dem Kopf stammelt sie ins Mikro der Gastgeber und bedankt sich dann mit den Worten: „Oh my God, this is so crazy ... this is absolutely awesome ... Das kann nicht echt sein, ihr seid ja verrückt." Ja genau, Europa ist verrückt – verrückt nach Lena.

Champagnerdusche

01.04 Uhr: Auf der Pressekonferenz nach dem Contest lässt Stefan Raab für seinen Schützling die Korken knallen und platzt vor Stolz: „Yippie Yeah – das war nicht nur Lenas Sieg, das war auch Deutschlands Sieg und es war ein Sieg des guten Geschmacks."

„Share the Moment" – Teile den Moment. Unter diesem Motto richtet Norwegen am 29. Mai den Eurovision Song Contest 2010 aus. Für Lena hätte es keine schönere Losung geben können. Sie gewinnt die „Europameisterschaft des Singens" (Raab) und holt nach 28 Jahren – zum zweiten Mal überhaupt – den Grand-Prix-Sieg nach Deutschland. So einen Moment teilt man doch gern. Immerhin hat er deutsche Musikgeschichte geschrieben und wird Lena wie auch Stefan Raab für Musikdeutschland unsterblich machen.

Die schönsten Momente des 55. Eurovision Song Contests zum Nacherleben.

Norwegens Hauptstadt ist Schauplatz des ESC 2010 – weil im Vorjahr ein Norweger den Wettbewerb gewann

OSLO IM ESC-FIEBER

Schon eine Woche vorm Finale des Eurovision Song Contests 2010 ist Norwegens Hauptstadt im absoluten Grand-Prix-Fieber. Beim „Sound of Oslo"-Festival finden mehr als 300 verschiedene Konzerte und Veranstaltungen rund um den Wettbewerb statt. Die Proben in der Telenor Arena, dem überdachten Osloer Fußballstadion, laufen auf Hochtouren. Medienvertreter aus aller Welt sind zu Gast und beobachten die unzähligen Partys und Empfänge der teilnehmenden Länder.

Auch die ersten Fans aus ganz Europa sind angereist, um ihre Favoriten im Eurovision Village zu besuchen und sie bis zum großen Abend zu begleiten. Norwegen macht seinem Ruf als ESC-verrücktestem Land alle Ehre.

EUROPA LIEBT LENA

Auch Lena und ihr Team sind eine Woche vorm Finale in Oslo. Dabei fällt auf: Lena ist ständig von einem Meer von Presseleuten umgeben. Überall wo sie auftaucht, herrscht Begeisterung. Eine wahre Welle der Sympathie umspült unseren Star für Oslo. „Die Norweger lieben Lena. Sie hat ein gewinnendes Wesen", bestätigt Hape Kerkeling, Präsident der deutschen ESC-Jury 2010. Besonders ein norwegischer Fan soll ihr nicht mehr von der Seite gewichen sein: Sänger und Vorjahressieger Alexander Rybak. ARD-Kommentator „Mr. Grand Prix" Peter Urban stellt fest: „Das ist auffällig viel. Lena ist eindeutig einer der Hauptakteure hier bei dem Contest." Schon Wochen zuvor hatten englische Buchmacher Lena auf die Favoritenrolle gesetzt, neben Safura aus Aserbaidschan.

Die internationale Presse verfolgt Lena seit ihrer Ankunft in Oslo auf Schritt und Tritt

LENAS WOCHE IN OSLO

Der Terminkalender ist voll: Vor allem stehen Proben fürs Finale in der Telenor Arena auf dem Programm. Nebenbei besucht Lena Stefan Raab im Osloer TV-total-Studio, das extra aus Köln eingeflogen und auf der Dachterrasse im 12. Stock der norwegischen Arbeiterpartei aufgebaut wurde. Für Raabs Sendung dreht sie täglich ein Videotagebuch über ihre Erlebnisse in der Grand-Prix-Stadt. Sie besucht Empfänge der deutschen Botschaft und im Osloer Rathaus und tritt bei verschiedenen Pressepartys auf.

Und in all dem Trubel feiert Lena am Pfingstsonntag (23. Mai) auch noch ihren 19. Geburtstag. Das ist dem gastgebenden, norwegischen Eurovision-Team sogar ein Ständchen und einen Kuchen wert. Er wird vom norwegischen Contest-Kandidaten Didrik Solli-Tangen persönlich überreicht.

DIE HALBFINALS SIND ENTSCHIEDEN

Alle 25 Teilnehmer fürs Finale stehen fest. Neben den Künstlern der „Big Four" – den Hauptgeldgebern Spanien, Frankreich, England und Deutschland – ist der Vertreter des Gastgeberlandes Norwegen automatisch dabei. Die weiteren zwanzig Teilnehmer mussten sich während der Halbfinals in der Woche qualifizieren. Für 14 Kandidaten enden die Träume vorzeitig.

Zur Überraschung vieler Experten müssen die Favoriten aus Schweden, Finnland und Holland schon nach dem Halbfinale wieder nach Hause fahren. Lena findet das richtig schade. Vor allem der Rummelplatz-Song der 18-jährigen Niederländerin Sieneke – „Ik ben verliefd (Sha-la-lie)" – hatte es ihr angetan. „Ich bin sehr traurig, dass Holland und Schweden es nicht geschafft haben. Ich hätte für sie gestimmt!", meint Lena dazu. Dass der Grand Prix unberechenbar ist, weiß auch Stefan Raab. „Man darf die Veranstaltung nicht zu ernst nehmen. Es ist nur Unterhaltung!" Schließlich vergleiche man hier nicht zwei Fußballmannschaften miteinander, sondern „Äpfel mit Birnen und Aprikosen und Trauben und Bananen. Und das macht den Song Contest so spannend."

Lena probt mit zwei verschiedenen Schuhen. „Muss doch gucken, was besser aussieht."

Top-Favoritin Safura aus Aserbaidschan landet trotz LED-Kleidchen nur auf Platz Fünf

REKORDZAHLEN ZUM FINALABEND

Selten zuvor genießt ein Eurovision Song Contest so viel Aufmerksamkeit in Deutschland wie dieser. Gerade auch beim jungen Publikum. In Lenas Heimatstadt Hannover, in Hamburg auf der Reeperbahn und in vielen weiteren deutschen Städten versammeln sich zigtausend Fans zum Public Viewing. Zu Hause in den Wohnzimmern fiebern 14,7 Millionen Deutsche dem Beginn der Show entgegen. Das ist jeder zweite TV-Zuschauer an diesem Abend. Eine Traumquote für die ARD. Insgesamt sind es rund 120 Millionen TV-Zuschauer aus ganz Europa, die mit den 18.000 Fans in der ausverkauften Telenor Arena das Spektakel live verfolgen wollen.

IT'S SHOWTIME

29. Mai 2010, kurz vor 21 Uhr. Der Countdown zum großen Finale läuft. Lena grüßt noch schnell per Liveschaltung ihre Fans in Deutschland: „Ich bin voll aufgeregt. Ich hab voll Bock." Dann eröffnet Vorjahressieger Alexander Rybak die Show.

Lena ist erst mit Startnummer 22 dran. Bis dahin schillert der 55. Eurovision Song Contest in allen Unterhaltungsfarben. Die 17-jährige Safura aus Aserbaidschan eröffnet mit blinkendem LED-Kleid den Wettbewerb. Gleich der zweite Auftritt liefert einen kleinen Skandal: Die Zirkusnummer „Algo pequeñito" des Spaniers Daniel Dieges wird von Profi-Flitzer

Auf dem Hamburger Spielbudenplatz fiebern 70.000 Fans mit Lena und drücken die Daumen

Jimmy Jump gestört. Der ist ebenfalls Spanier und stürmte schon EM-Fußballspiele und Tennismatches. Fairerweise wird Spanien zum Schluss des Abends noch einmal auftreten dürfen.

Auf den folgenden Plätzen ist musikalisch jede Richtung vertreten: Sanfter Gitarrensound aus Belgien von Tom Dice. Schriller Balkan-Pop vom Serben Milan Stanković. Große Gefühle aus Irland von Grand-Prix-Legende Niamh Kavanagh. Rockige Einlagen aus Griechenland und der Türkei. Musical-Klänge aus England und Georgien. Afrikanische Sommerbeats aus Frankreich. Eine sexy Klaviershow aus Rumänien. Und Folklore aus Armenien.

LENAS GROSSER MOMENT

Um 22.36 Uhr ist es dann endlich soweit. Es ist der Moment, auf den Lena in den letzten Wochen so fleißig hingearbeitet hat. Keine Feuershow, keine Tänzer und keine blinkenden Instrumente. Nur Lena und ihre Background-Mädels kommen auf die Bühne. Sie trägt ihr kleines Schwarzes, roten Lippenstift und natürlich ihren Glücksbringer um den Hals. Kaum dass die ersten Takte ihres Songs „Satellite" erklingen, brandet jubelnder Applaus auf. Die Zuschauer stehen! Lena wirkt unbeschwert, hat sichtlich Spaß und zieht das Publikum in ihren Bann. Stefan Raab weiß: „Um richtig abzugehen, braucht Lena die Unterstützung des Publikums." Die bekommt sie.

Lenas Konkurrenten in Oslo

1. Rockröhre Aljosha aus der Ukraine singt sich mit ihrem Titel „Sweet People" auf den 10. Platz
2. Bunter Paradiesvogel unter den Teilnehmern: Milan Stanković aus Serbien wird 13.
3. Mit „Apricot Stone" bringt Armenierin Eva Rivas einen Pop-Folklore-Mix auf die Bühne (Platz 7)
4. Frankreich schickt den ersten Afrikaner zum Grand Prix: den Kongolesen Jessy Matador (Platz 12)
5. Alter ESC-Hase: Die Irin Niamh Kavanagh gewann 1993 mit „In your eyes". Diesmal nur Platz 23
6. Das dänische Duo Chanée & N'Evergreen belegt mit seinem eingängigen Song Platz 4
7. Die Rumänier Paula & Ovi landen mit ihrer sexy Feuershow auf dem Siegertreppchen (Platz 3)
8. Vizemeister: Die türkische Rockband „Manga" ist stolz auf ihren zweiten Platz
9. Der Belgier Tom Dice erhält aus Deutschland die Höchstwertung „twelve points" (Platz 6)
10. Spaniens Performance wird von Flitzer Jimmy Jump gestört. „Algo pequeñito" kommt auf Platz 15

EUROPA TANZT ZUR PUNKTEVERGABE

Noch drei Teilnehmer und die Darbietungen sind durch. Während Europa die Punkte zählt, lässt Oslo die Puppen tanzen. Der Eurovision Song Contest veranstaltet einen riesigen Flashmob und kommt damit auch beim jungen Publikum gut an. Europaweit tanzen zigtausend Menschen zeitgleich den Eurovision-Dance – zum Song „Glow" der norwegischen Band Madcon. Die Bilder haben Gänsehautcharakter. Die Choreografie zum Eurovision-Dance gab's vorher im Internet. Der norwegische Fernsehsender NRK und die Internetseite eurovision.tv hatten europaweit zum Mittanzen aufgerufen.

GERMANY, 246 POINTS!

00.11 Uhr ist die Überraschung perfekt. Lena holt nach 28 Jahren den Grand-Prix-Sieg wieder nach Deutschland. 246 Punkte stehen auf ihrem Siegerkonto, das sind 76 Zähler mehr als die zweitplatzierte türkische Rockband „Manga" ergattern kann. Nach Alexander Rybaks Rekordsieg 2009 (er gewann mit 169 Stimmen Vorsprung) ist das der zweithöchste Punktevorsprung in der Grand-Prix-Geschichte. Neun Mal erhält Lena „twelve points", die begehrte Höchstwertung des Wettbewerbs. Den Sieg kann Lena noch gar nicht fassen. Sogar der sonst so selbstbewusste Stefan Raab ist sprachlos und einfach nur „total geschockt".

Stammelnd nimmt Lena die Trophäe entgegen, wird überraschend von Vorjahressieger Rybak geknutscht, greift sich an den Bauch und kichert: „Oh my god, this is so crazy!" Begleitet von „Lena! Lena!"-Rufen aus dem Publikum tritt sie mit ihrem Siegertitel zum zweiten Mal an diesem Abend auf. Dieser Moment gehört ihr. Und so wundert es auch nicht, dass sie sich auf ihre Art aus Oslo verabschiedet: „Ich weiß jetzt gar nicht, wo ich hingehen soll, also quatsche ich einfach mal weiter." Dann geht's ab hinter die Bühne, noch schnell ein paar Hände schütteln – zu den Gratulanten gehören auch der Premierminister Norwegens und die norwegische Kronprinzessin Mette Marit.

In Deutschland steppt der Bär. Das Wunder von Oslo ist geschehen. Wir sind Eurovisions-Meister!

Vereint im Flashmob – das Duo Madcon animiert ganz Europa zum Mittanzen

Vorjahressieger Alexander Rybak gratuliert Lena und ergaunert sich einen Siegerkuss

DIE SIEGERNACHT

Auf der Pressekonferenz knapp eine Stunde nach der Siegerehrung: Tausende Journalisten und Fans warten auf Lena und ihr Gewinnerteam, jubelnd versteht sich. Man veranstaltet Laola-Wellen. Es wird Champagner vergossen. In lässiger Kleidung mit einer „1" auf dem T-Shirt tritt Lena dann vor die Presse: „Hallo, ich bin Lena. Ich bin 19, und ich komme aus Hannover ... Und ich habe gerade den Eurovision Song Contest gewonnen." Fragen brechen über die frischgebackene Gewinnerin und ihren Mentor ein. Wie sie sich fühlen. Lena: „Das ist ganz schön viel für den kleinen Lena-Kopf." Und Raab: „Ich bin schockiert!" Wann Stefan und sie begriffen hätten, dass Lena gewonnen hat. Lena: „Irgendwann haben die Leute geschrien: ‚Du hast gewonnen!' Und ich dachte: Hä? Aber ... aber es kommen doch noch Punkte!" Und Raab: „Wir hatten keinen, der sich so richtig mit Mathe auskennt, darum haben wir erst gemerkt, dass wir gewonnen haben, als wir längst durch waren." Trotz historischem Erfolg und Champagnerdusche bleibt Lena auf dem Teppich: „Das hier ist toll, aber es ist nicht das Leben", sagt sie. „Es ist nur ein Teil. Aber wir freuen uns sehr, jetzt ist der Moment."

Auf der anschließenden offiziellen Aftershow-Party schauen Lena und ihre Crew nur kurz vorbei. Die richtige Party findet im kleinen Kreis statt und soll bis in die frühen Morgenstunden gedauert haben. Stefan Raab hatte vor dem Contest 10.000 Euro – die Dotierung seines Bayerischen Fernsehpreises – auf Lenas Sieg gewettet und versprochen, davon im Fall der Fälle eine tolle Party zu schmeißen ...

Unter dem Jubel der Zuschauer und im Blitzlichtgewitter singt Lena ihren Siegertitel noch einmal

Satellite – Ein Lied kreist um die Welt

Das Erfolgsquartett: Stefan Raab, Lena, Songwriterin Julie Frost und Produzent John Gorden

Lenas Siegersong handelt vom meistbesungenen Thema der Welt – der Liebe natürlich! Es geht um all die verrückten Dinge, die man tut und fühlt, wenn man verliebt ist.

Geschrieben wurde der Song schon 2007. Und zwar von der US-Amerikanerin Julie Frost. Allerdings nicht für den Eurovision Song Contest, von dem hatte sie bis dato noch nie etwas gehört. Die Songwriterin textet und komponiert für internationale Popgrößen. Aus ihrer Feder stammt zum Beispiel Rihannas Megahit „Umbrella". Die Idee zu „Satellite", so sagt sie, hatte Julie Frost in einer Waldhütte in Georgia in den USA: „Ich habe Gitarre gespielt, dabei sind die Melodie und der Text entstanden."

Den einfachen Gitarren-Vocal-Song mailte sie ihrem Produzentenkollegen, dem Dänen John Gordon. Er stellte den Song fertig und gab ihn zur Plattenfirma Universal Music. Dort landete „Satellite" erst einmal in der Schublade. Bis Universal ihn 2010 als Finalsong zur Castingshow „Unser Star für Oslo" einreichte. Julie Frost schmunzelt über den langen Weg, den dieses beschwingte Liebeslied genommen hat: „Der Song kommt also aus Georgia, von dort ging er nach Dänemark, dann nach Deutschland und nun kennt ihn die ganze Welt".

Autorin und Produzent wurden in Oslo ebenfalls mit einem Pokal geehrt, denn ursprünglich war der Eurovision Song Contest als ein Wettbewerb der Komponisten und Textdichter gedacht. Aber die bleiben fast immer im Hintergrund.

Liebe – so oder so

Im Tempo eines Satelliten raste Lenas Siegersong in den Stunden nach dem ESC um die Welt, stand nach drei Tagen in elf Ländern an der Spitze. Dabei wird in dem Lied keine Raumsonde besungen, sondern ein Mädchen schwärmt von seiner Liebe:

„Wie ein Satellit kreise ich in deiner Umlaufbahn", lautet der Refrain. („Like a satellite I'm in an orbit all the way arround you") „Ich hab alles getan, um dir zu gefallen ... Die Haare gestylt, neue Unterwäsche gekauft und die Fußnägel lackiert." („I went everywhere for you, I even did my hair for you. Bought new underwear that's blue ... painted my toenails for you.") Die Liebe muss gewaltig sein, denn: „Egal ob du nett oder gemein zu mir bist, ich lieb dich so oder so." („Whether you are sweet or cruel I'm gonna love you either way.")

PUNKTE FÜR LENA
SO HAT EUROPA FÜR SIE ABGESTIMMT

12	Lettland, Finnland, Schweiz, Estland, Norwegen, Schweden, Spanien, Dänemark, Slowakei
10	Albanien, Türkei, Slowenien, Litauen, Belgien
8	Irland, Serbien, Bosnien-Herzegowina, Mazedonien
7	Polen
6	Kroatien, Russland
5	Ukraine
4	Malta, Zypern, Großbritannien, Niederlande
3	Frankreich, Bulgarien, Rumänien, Island
2	Griechenland
1	Portugal, Aserbaidschan
0	Weißrussland, Israel, Moldawien, Georgien, Armenien

Jurymitglied Hape Kerkeling verkündet das Ergebnis der deutschen Abstimmung. „Lena, go for Gold!" jubelt er, bevor er unsere 12 Punkte nach Belgien schickt

Lena kann's noch gar nicht glauben, sie hat gewonnen

Endstand des 55. Eurovision Song Contests in Oslo

PLATZ	NAME	TITEL	LAND	PUNKTE
1	Lena	Satellite	Deutschland	246
2	Manga	We could be the same	Türkei	170
3	Paula & Ovi	Playing with fire	Rumänien	162
4	Chanée & N'Evergreen	In a moment like this	Dänemark	149
5	Safura	Drip Drop	Aserbaidschan	145
6	Tom Dice	Me and my guitar	Belgien	143
7	Eva Rivas	Apricot Stone	Armenien	141
8	Giorgos Alkaios & Friends	OPA	Griechenland	140
9	Sofia Nizharadze	Shine	Georgien	136
10	Aljosha	Sweet People	Ukraine	108
11	The Peter Nalitch Band	Lost and forgotten	Russland	90
12	Jessy Matador	Allez! Olla! Olé!	Frankreich	82
13	Milan Stanković	Ovo je Balkan	Serbien	72
14	Harel Skaat	Milim	Israel	71
15	Daniel Diges	Algo pequeñito	Spanien	68
16	Juliana Pasha	It's all about you	Albanien	62
17	Vukašin Brajić	Thunder and lightning	Bosnien-Herzegowina	51
18	Filipa Azevedo	Há dias assim	Portugal	43
19	Hera Björk	Je ne sais quois	Island	41
20	Didrik Solli-Tangen	My heart is yours	Norwegen	35
21	Jon Lilygreen & The Islanders	Life looks better in spring	Zypern	27
22	SunStroke Project & Olia Tira	Run away	Moldawien	27
23	Niamh Kavanagh	It's for you	Irland	25
24	3+2	Butterflies	Weißrussland	18
25	Josh	That sounds good to me	Großbritannien	10

Ausgeschieden im Halbfinale sind:

Estland (Malcolm Lincoln & Manpower4: *Siren*), **Slowakei** (Kristína Peláková: *Horehronie*), **Finnland** (Kuunkuiskaajat: *Työlki ellää*), **Lettland** (Aisha: *What For*), **Polen** (Marcin Mroziński: *Legenda*), **Malta** (Thea Garrett: *My dream*), **Mazedonien** (Gjoko Taneski: *Jas ja imam silata*), **Litauen** (InCulto: *Eastern European Funk*), **Schweiz** (Michael von der Heide: *Il pleut de l'Or*), **Schweden** (Anna Bergendahl: *This is my life*), **Niederlande** (Sieneke: *Ik ben verliefd (Sha-la-lie)*), **Slowenien** (Ensemble Roka Žlindra & Kalamari: *Narodnozabavni Rock*), **Bulgarien** (Miro: *Angel si ti*), **Kroatien** (Feminnem: *Lako je sve*)

Staatsmännisch

Wie wichtige Staatsgäste werden Lena, Stefan Raab und Co. mit einer Sondermaschine aus Oslo am Sonntagnachmittag nach Hannover eingeflogen.

Nationalstolz: Die Piloten winken mit der Deutschlandfahne aus dem Cockpit

Überwältigt

Tausende Fans, Presseleute und Niedersachsens Ministerpräsident Christian Wulff warten am Flughafen. „So empfangen wir sonst Präsidenten, aber ich denke, Lena hat's verdient!", sagt der Landeschef. Lena – geschmückt mit einem schwarz-rot-goldenen Blumenkranz – kann's gar nicht fassen. Stefan Raab, der hinter Lena die Maschine verlässt, jubelt und „hisst" die deutsche Flagge. Raab hat Lena entdeckt und nach Oslo gebracht. Er ist ebenfalls ein Sieger.

Die neue Grand-Prix-Prinzessin

Stolz präsentiert sich Lena ihren Fans. „Das ist unglaublich!", lacht sie und lässt die Menge über den Polizei-Lautsprecher wissen: „Das ist der Wahnsinn! Geht doch rein, es regnet! Ihr seid verrückt! Dankeschön!"

Kleiner Hinweis mit großer Wirkung

Der Flughafen Hannover hat die Besucherterrassen für Lenas Fans extra ausgeschildert. Der Einladung folgen Tausende. Bis in die Parkhäuser und auf die Autobahnzubringer drängen sich die Menschen.

hannover airport

Lena Viewing Point

←

„Wow, verdammte Axt ist das geil! Dankeschönst!"

So verewigt sich Lena im Goldenen Buch ihrer Heimatstadt. An der Seite von Ministerpräsident Christian Wulff (l.) und dem Bürgermeister von Hannover Stephan Weil (r.) posiert sie im Rathaus für ein Erinnerungsfoto.

Lena-Mania
Vor dem Rathaus warten 40.000 Fans. Lena genießt den Rummel und gibt fleißig Autogramme.

Fanfest in Hannover
Auf der Bühne vor dem Rathaus singt Lena ihren Megahit „Satellite" gern noch einmal. Der Auftritt wird live auf ARD und Pro7 übertragen. Dafür verwerfen die Sender sogar das ursprünglich geplante Sonntagsprogramm.

Promi-Stimmen zu Lenas Erfolg

Bundeskanzlerin Angela Merkel: „Ich gratuliere Lena Meyer-Landrut zu ihrem Super-Erfolg in Oslo. Sie hat mich mit ihrer Natürlichkeit und Herzlichkeit sehr beeindruckt. Sie ist ein wunderbarer Ausdruck des jungen Deutschlands."

Außenminister Guido Westerwelle: „Mit Ihrem mitreißenden Auftritt haben Sie ganz Deutschland begeistert und sich in die Herzen Europas gesungen. Ob gewollt oder nicht, Sie sind eine Botschafterin für unser Land, die in einer Nacht so manches althergebrachte Vorurteil sympathisch widerlegt hat."

Niedersachsens Ministerpräsident Christian Wulff: „Das ist ein großer Tag für Deutschland und natürlich auch Niedersachsen. Schön, dass sie mit ihrer einzigartigen Ausstrahlung und Spontanität die Herzen auch in Europa erobert hat."

Grünen-Vorsitzende Claudia Roth: „Lena hat mit Natürlichkeit und ungeschminkter Echtheit gesiegt. Millionen Menschen in Europa haben gespürt, dass ihr Auftritt kein gestylter Mainstream war, kein Produkt aus der Retorte, sondern authentisch, pure Lust an Musik, Rhythmus und Bewegung. Ihr Erfolg ist auch ein Sieg für junge Popmusik aus Deutschland. Er steht für das Lebensgefühl einer jungen europäischen Generation, die alte Grenzen überwindet und zusammenfindet. Mit Lenas Sieg passiert ein gutes Stück Zukunft."

NDR-Intendant Lutz Marmor:
„Lena hat mit ihrer besonderen Art ganz Europa bezaubert – ein Märchen ist wahr geworden!"

ARD-Programmdirektor Volker Herres:
„Sie kam, sang und siegte. Glückwunsch, bezaubernde Lena!"

Grand-Prix-Legende Ralph Siegel: „Selbstverständlich freue ich mich über den grandiosen Sieg von Lena in Oslo. Deutschland hat nach 28 Jahren endlich wieder den Eurovision-Song-Contest gewonnen – das ist ein wahrer Grund zu feiern. Der Charme und die lockere Ausstrahlung dieses netten Mädchens hat die Herzen Europas erobert."

Entertainer und Jury-Mitglied Hape Kerkeling:
„Wahnsinn, geil, geil, geil! Ich will das Lied sofort noch mal hören!"

Unser-Star-für-Oslo-Moderatorin Sabine Heinrich:
„Mir kamen die Tränen, da konnte ich mich gar nicht gegen wehren."

Lena füllt die Titelseiten der Tageszeitungen

Am Montag nach dem Eurovision Song Contest ist Lenas Erfolg das Thema Nummer Eins. Deutschland feiert „das Wunder von Oslo".

55 Jahre Eurovision Song Contest

39 Nationen suchten 2010 Europas schönstes Lied. Mit Lena gewann erst zum zweiten Mal in der 55-jährigen Geschichte des Eurovision Song Contests ein deutscher Teilnehmer. Vor ihr siegte 1982 Nicole.
Die Geschichte des Eurovision Song Contests war kein Ruhmesblatt für Europas größten Musikmarkt.

START UP MIT FREDDY

Das Fernsehen steckte 1956 noch in den Kinderschuhen, es gab nur ein einziges deutsches Fernsehprogramm und die Bildschirme waren klein und schwarzweiß. Einige europäische Sender hatten sich kurz vorher zur Eurovision zusammengeschlossen, um gemeinsam Sendungen zu produzieren. Dazu gehörte auch ein Schlagerwettbewerb. Er wurde 1956 erstmals im schweizerischen Lugano ausgetragen – unter dem Namen Grand Prix d'Eurovision de la Chanson. Nur die Briten nannten ihn schon damals Eurovision Song Contest.

Zur Premieren-Veranstaltung schickte Deutschland den singenden Seemann Freddy Quinn und den Sachsen Walter Andreas Schwarz ins Tessin. Wo sie landeten, erfuhren die Zuschauer nicht, nur die Siegerin wurde bekannt gegeben: Lys Assia hieß die Dame, eine Schweizerin, und „Refrain" ihr Lied. Sie singt übrigens heute noch, mit 86, und erscheint zu jedem Eurovisions-Wettbewerb. Auch Lena bekam Gratulationsküsschen von ihr.

WELTKARRIEREN

Am Eurovision Song Contest teilzunehmen, das war in den ersten Jahrzehnten eine Ehre. Und eine Riesenchance für die Karriere. Zwei schwedische Ehepaare, die sich erst kurz zuvor zu der Gruppe „ABBA" zusammengeschlossen hatten, schafften 1974 mit „Waterloo" den Durchbruch. In den folgenden zehn Jahren bis zur Auflösung verkauften sie 370 Millionen

Zum 50. Eurovision Song Contest wird 2005 in Kopenhagen der beliebteste Grand-Prix-Song aller Zeiten gewählt. Es gewinnt „Waterloo" von ABBA

Tonträger. Ähnlich groß war der Erfolg der Kanadierin Célin Dion, die 1988 mit „Ne partez pas sans moi" für die Schweiz an den Start ging und den Eidgenossen nach langer Durststrecke den zweiten Sieg einbrachte. Manchmal setzte sich sogar der Titel des Zweitplatzierten mehr durch, als der Siegertitel: Cliff Richards „Congratulations" ist noch heute ein Evergreen, obwohl er 1968 in der Bewertung hinter der Spanierin Massiel („La la la"') auf Platz Zwei landete.

KNAPP DANEBEN

Zweimal verpasste Deutschland einen Sieg beim Song Contest. Udo Jürgens, der in Deutschland lebte und bei einer deutschen Plattenfirma unter Vertrag war, wurde von seinem Manager dreimal hintereinander zum Wettbewerb geprügelt. 1966 siegte er mit „Merci Cherie", einem deutschsprachigen Titel, allerdings für sein Heimatland Österreich. Vicky Leandros, seit ihrer Kindheit in Hamburg zuhause, holte sechs Jahre später mit „Après toi" ebenfalls einen großartigen Sieg – nur war sie unter der Flagge Luxemburgs an den Start gegangen. Immerhin be-

Udo Jürgens siegte 1966 mit einem selbstkomponierten Lied für Österreich

Lenas Vorgängerin Nicole

Schon wenige Tage nach Lenas Sieg meldete sich Nicole, die Eurovisions-Siegerin von 1982: „Viel Glück, und für die nächsten anstrengenden Wochen wünsche ich Dir viel Kraft und mehr als ‚ein bisschen Frieden'", formulierte Nicole in Anspielung auf ihren Siegertitel von vor 28 Jahren. „Germany, twelve points! Diese Worte klingen noch heute in meinen Ohren, als sei es gestern gewesen. Und doch sind nun 28 Jahre vergangen und wir haben endlich einen zweiten Sieger."

Die Saarländerin war gerade 17, als sie den Wettbewerb im nordenglischen Kurort Harrogate gewann. Es war erst ihre zweite Platte. 1982, auf dem Höhepunkt des „Kalten Krieges" gab sie mit dem Friedensliedchen den Zeitgeist wieder, den Wunsch vieler Menschen nach mehr Sicherheit und Frieden – auch wenn, wie Kritiker kleinlich bemerkten, „ein bisschen Frieden" ebenso unmöglich ist, wie ein bisschen schwanger. Nicoles Auftritt war ähnlich bescheiden wie der von Lena, ohne Feuerwerk, ohne Tänzer. Sie saß mit ihrer Gitarre in einem geblümten Kleid auf der Riesenbühne. Produzent Ralph Siegel, der das Lied komponiert hatte, dirigierte das Orchester.

„Ein bisschen Frieden" schoss in fast allen europäischen Ländern auf Platz Eins der Hitparaden. Allerdings gelang es der Sängerin nie wieder, mit einem anderen Titel unter die Top Ten zu kommen. Nicole, inzwischen 45, ist seit 1985 verheiratet und hat zwei

scherte Mary Roos im selben Jahr Deutschland einen tollen dritten Platz, genau wie in den beiden Jahren zuvor Katja Ebstein. Sie verpasste beim dritten Anlauf, 1980, den Sieg nur um Haaresbreite.

NICOLES SIEG

Viele etablierte Künstler aus Deutschland trauten sich nicht, am Song Contest teilzunehmen. Ein schlechtes Ergebnis konnte die Karriere gefährden. So wurde der Wettbewerb vor allem ein Sprungbrett für Nachwuchsinterpreten. Produzent Ralph Siegel schickte seit 1974 achtzehn Mal Künstler oder Gruppen ins Rennen – darunter Ireen Sheer, die Les Humphries Singers, Dschingis Khan, Lena Valaitis, Wind, Sürpriz oder Mekado. 1982 erlebten er und die Nation Glücksmomente: Nicole siegte mit „Ein bisschen Frieden" – nach 27 Jahren Eurovision Song Contest. Damals ahnte keiner, dass es bis zum nächsten Sieg weitere 28 Jahre dauern würde. Verbissen nahm Siegel Jahr für Jahr neue Anläufe. Wenn er in den deutschen Vorentscheidungen unterlag, versuchte er es über andere Länder.

Katja Ebstein hätte 1980 in Den Haag mit ihrem Titel „Theater" fast gewonnen

Töchter. Sie tritt nach wie vor auf und veröffentlicht jährlich ein neues Album.

„Vielleicht", schrieb Nicole an Lena, „ist durch deinen überfälligen Sieg ja der Bann gebrochen und es kommen noch einige dazu." Sie möchte ihrer Nachfolgerin auch gerne mal begegnen: „Leider wurden wir uns noch nicht vorgestellt, aber mit Freude sehe ich unserem ersten Zusammentreffen entgegen. Wir werden uns sicher sofort finden – Grand-Prix-Sieger erkennen sich am Gang."

Das Siegertrio von 1982: Nicole mit Komponist Ralph Siegel und Texter Bernd Meinunger (r.)

DIE GROSSEN VIER

Seit 1996 gibt es die „Big Four". Gemeint sind die vier Mitglieder der Eurovision, die den größten Anteil des Etats der EBU (European Broadcasting Union) tragen und den Contest hauptsächlich finanzieren. „Die großen Vier" sind Deutschland, Frankreich, das Vereinigte Königreich und Spanien. Sie sind neben dem Gastgeberland automatisch für das Finale gesetzt. Alle anderen Länder können sich über die Halbfinals qualifizieren. Grund für die Big Four-Regelung: 1996 schied Deutschland bereits vorm Finale bei einer internen Juryvorauswahl aus. Blöd, wenn man als Hauptfinanzier nicht dabei sein darf. Deshalb vereinbarte man, dass die „Big Four" künftig automatisch fürs Finale gesetzt sind. Italien hält sich seitdem aus Kostengründen vom Grand Prix fern.

STEFANS NUMMERN

Lästermaul Stefan Raab amüsierte sich über die verzweifelten Anläufe des Kollegen Siegel, den ESC noch mal zu gewinnen. Dabei hatte er sich längst ähnliche Ziele gesetzt. 1998 produzierte er mit Guildo Horn die Klamauknummer „Piep, piep, piep, Guildo hat euch lieb". Der Titel landete auf Platz Sieben. Stefan Raab hatte sich als Produzent Alf Igel genannt. Freunde fürs Leben wurden die Kollegen Alf und Ralph nicht, wohl aber Dauerkonkurrenten. Nachdem im Jahr drauf Ralph Siegel mit Sürpriz Dritter wurde, wollte Siegertyp Stefan es persönlich richten. In wilder Kostümierung und Hottentotten-Sprache intonierte er „Wadde hadde dudde da" – immerhin hievte ihn die internationale Jury auf Rang Fünf.

Von da an ging's bergab mit den deutschen Platzierungen. 2004 fühlte sich Stefan Raab wieder zum Retter der deutschen Sangesehre berufen – er inszenierte den Casting-Wettbewerb SSDSGPS („Stefan sucht den Super-Grand-Prix-Star"). Sieger Max Mutzke gewann anschließend auch die ARD-Vorauswahl – und Raab sicherte sich den dritten Anlauf zum Eurovision Song Contest. Max landete in der Endausscheidung zwar nur auf Rang Acht. Sein Wettbewerbstitel „Can't wait until tonight" schoss in den deutschen Charts aber von Null auf Eins.

Piep, piep, piep: Guildo Horn turnte sich 1998 auf Platz Sieben

„Wadde hadde dudde da" – Stefan Raab beim Grand Prix 2000 in Stockholm

Flop beim Song Contest, Hit in den Charts: Texas Lightning mit der Countrynummer „No no never"

Erfolgreiche Nationen

7 Siegertitel
Irland

5 Siegertitel
Frankreich, Großbritannien, Luxemburg

4 Siegertitel
Niederlande, Schweden

3 Siegertitel
Israel, Norwegen

2 Siegertitel
Deutschland, Italien, Schweiz, Spanien

1 Siegertitel
Belgien, Estland, Finnland, Griechenland, Jugoslawien, Lettland, Monaco, Österreich, Russland, Serbien, Türkei, Ukraine

PLEITEN, PECH UND PEINLICHKEITEN

Es folgte eine Katastrophe nach der anderen. Nachdem die osteuropäischen Staaten der Eurovision beigetreten waren, siegten Teilnehmer aus Lettland, der Ukraine, Serbien oder Russland. Während sich die meisten Länder Vorauswahlen stellen mussten, war Deutschland als Oberzahlmeister stets automatisch dabei. Aber wen schicken? Mal durfte das Publikum abstimmen, mal entschied eine Jury – eine Pleite folgte der anderen. Gracia, Teilnehmerin der ersten DSDS-Staffel, schaffte 2005 Rang 24 unter 24 Teilnehmern. Aber auch der erfolgreichen Castingband No Angels ging es zwei Jahre später kaum besser. Die Country-Truppe Texas Lightning mit Olli Dietrich konnte zwar auch nur einen 14. Platz einfangen, ihr Titel „No no never" führte aber immerhin wochenlang die deutsche Hitparade an.

2009 schickte eine „Fachjury" zwei Musikanten unter dem Namen „Alex sings und Oscar swings" nach Moskau – üppig garniert von der US-Stripperin Dita von Teese. Der traurige Act bescherte Deutschland den 20. Platz.

NOTRUF

Da griff NDR-Intendant Lutz Marmor zum Telefon. Am anderen Ende gab sich Stefan Raab „hoch erfreut" über die spannende Aufgabe, per Castingshow „unseren Star für Oslo" zu suchen. Die Zusammenarbeit zwischen der steifen ARD und dem lockeren Privatsender Pro7 war für Insider eine Sensation – und für den Eurovision Song Contest die Rettung, zumindest aus deutscher Sicht.

Stefan Raab hatte den richtigen Riecher: Ohne sexy Outfit, ohne Engelsflügel und ohne Feuerwerk sang und zappelte sich Lena in die Herzen Europas. „Ein Bild des neuen, jungen Deutschlands", jubelten englische Zeitungen.

AUSSICHTEN

„Es ist nur logisch, dass Lena ihren Titel im nächsten Jahr verteidigt", sagte Raab bereits am Abend von Lenas grandiosem Triumph. Und NDR-Intendant Marmor nickte heftig. Endlich ist er eine Sorge los ... Eine andere hat er allerdings: Traditionell übernimmt das Siegerland die Austragung des nächsten Song Contests. Schon in der ersten Woche rissen sich gleich fünf Städte um die Austragung: Neben Lenas Heimatstadt Hannover auch Hamburg, Berlin, Köln und Düsseldorf. Europas größte Musikveranstaltung ist ein heißbegehrtes Event, mit 25 Millionen Euro Kosten aber auch ein teures ...

Wo war Dieter?

Bleibt die Frage: Warum ist Deutschlands „Superstar"-Produzent Dieter Bohlen, international mit Modern Talking bekannt, eigentlich nie beim Eurovision Song Contest aufgetaucht? Antwort: Er hat's versucht. 1983 scheiterte Bernd Clüver mit dem Bohlen-Song „Mit 17" in der Vorentscheidung. 1985 schickte er den Österreicher Thomas Forstner ins Rennen – dabei kam immerhin ein fünfter Platz raus. Einen eigenen Auftritt hat Dieter Bohlen nicht riskiert.

Nach dem Triumph strahlen Stefan Raab, Lena und NDR-Intendant Lutz Marmor um die Wette

Diese Künstler waren am häufigsten dabei

4 Teilnahmen

Peter, Sue und Marc (Schweizer Gruppe)
1971, 1976 (Platz 4), 1979, 1981 (Platz 4)

Fud Leclerc (Belgien)
1956, 1958 (Platz 5), 1960, 1962

3 Teilnahmen

Lys Assia (Schweiz)
1956 (Siegerin), 1957, 1958

Corry Brokken (Niederlande)
1956, 1957 (Siegerin), 1958

Domenico Modugno (Italien)
1958, 1959, 1966

Udo Jürgens (Österreich)
1964, 1965, 1966 (Sieger)

Romuald (Frankreich)
1964, 1974, 1979

Kirstin Sparboe (Norwegen)
1965, 1967, 1969

Katja Ebstein (Deutschland)
1970, 1971, 1980 (Platz 2)

Anna Vissi (Zypern)
1980, 1982, 2006

Carola Häggkvist (Schweden)
1983, 1991 (Siegerin), 2006

Hot Eyes (Dänisches Duo)
1984, 1985, 1986

Wind (Deutsche Gruppe)
1985 (Platz 2), 1987 (Platz 2), 1992

Chiarra (Malta)
1998, 2005 (Platz 2), 2009

Ralph Siegels Gruppe „Wind" erreichte 1985 und 1987 jeweils Platz Zwei

Alle Sieger des Eurovision Song Contests

JAHR	ORT	SIEGER/TITEL	LAND	FÜR DEUTSCHLAND AM START	PLATZ
2010	Oslo (NOR)	**Lena** Satellite	Deutschland	**Lena** Satellite	1 von 25
2009	Moskau (RUS)	**Alexander Rybak** Fairytale	Norwegen	**Alex C. feat. Oscar Loya** Miss Kiss Kiss Bang	20 von 25
2008	Belgrad (SER)	**Dima Bilan** Believe	Russland	**No Angels** Disappear	23 von 25
2007	Helsinki (FIN)	**Marija Šerifović** Molitva	Serbien	**Roger Cicero** Frauen regier'n die Welt	19 von 24
2006	Athen (GR)	**Lordi** Hard Rock Hallelujah	Finnland	**Texas Lightning** No no never	14 von 24
2005	Kiew (UKR)	**Helena Paparizou** My number one	Griechenland	**Gracia** Run & hide	24 von 24
2004	Istanbul (TUR)	**Ruslana Lyzhichko** Wild dances	Ukraine	**Max Mutzke** Can't wait until tonight	8 von 24
2003	Riga (LAT)	**Sertab Erener** Everyway that I can	Türkei	**Lou** Let's get happy	12 von 26
2002	Talinn (EST)	**Marie N** I wanna	Lettland	**Corinna May** I can't live without music	21 von 24
2001	Kopenhagen (DEN)	**Tanel Padar, Dave Benton & 2XL** Everybody	Estland	**Michelle** Wer Liebe lebt	8 von 23
2000	Stockholm (SWE)	**Olsen Brothers** Fly on the wings of love	Dänemark	**Stefan Raab** Wadde hadde dudde da	5 von 24
1999	Jerusalem (ISR)	**Charlotte Nilsson** Take me to your heaven	Schweden	**Sürpriz** Reise nach Jerusalem	3 von 23
1998	Birmingham (GB)	**Dana International** Diva	Israel	**Guildo Horn** Guildo hat euch lieb	7 von 25
1997	Dublin (IRL)	**Katrina & The Waves** Love shine a light	Großbritannien	**Bianca Shomburg** Zeit	18 von 25
1996	Oslo (NOR)	**Eimear Quinn** The voice	Irland	**Leon** Blauer Planet	nicht im Finale
1995	Dublin (IRL)	**Secret Garden** Nocturne	Norwegen	**Stone & Stone** Verliebt in Dich	23 von 23
1994	Dublin (IRL)	**Paul Harrington & C. McGettigan** Rock'n'roll kids	Irland	**Mekado** Wir geben 'ne Party	3 von 25
1993	Millstreet (IRL)	**Niamh Kavanagh** In your eyes	Irland	**Münchener Freiheit** Viel zu weit	18 von 25
1992	Malmö (SWE)	**Linda Martin** Why me?	Irland	**Wind** Träume sind für alle da	16 von 23
1991	Rom (I)	**Carola** Fångad av en stormvind	Schweden	**Atlantis 2000** Dieser Traum darf niemals sterben	18 von 22
1990	Zagreb (CRO)	**Toto Cutugno** Insieme 1992	Italien	**Chris Kempers & Daniel Kovac** Frei zu leben	9 von 22
1989	Lausanne (SUI)	**Riva** Rock me	Jugoslawien	**Nino de Angelo** Flieger	14 von 22
1988	Dublin (IRL)	**Céline Dion** Ne partez pas sans moi	Schweiz	**Maxi & Chris Garden** Lied für einen Freund	14 von 21
1987	Brüssel (BEL)	**Johnny Logan** Hold me now	Irland	**Wind** Lass' die Sonne in dein Herz	2 von 22
1986	Bergen (NOR)	**Sandra Kim** J'aime la vie	Belgien	**Ingrid Peters** Über die Brücke geh'n	8 von 20
1985	Göteborg (SWE)	**Bobbysocks** La det swinge	Norwegen	**Wind** Für alle	2 von 19
1984	Luxemburg (LUX)	**Herreys** Diggi-Loo Diggy-Ley	Schweden	**Mary Roos** Aufrecht geh'n	13 von 19
1983	München (GER)	**Corinne Hermès** Si la vie est cadeau	Luxemburg	**Hoffmann & Hoffmann** Rücksicht	5 von 20
1982	Harrogate (GB)	**Nicole** Ein bisschen Frieden	Deutschland	**Nicole** Ein bisschen Frieden	1 von 18
1981	Dublin (IRL)	**Bucks Fizz** Making your mind up	Großbritannien	**Lena Valaitis** Johnny Blue	2 von 20

von 1956 bis 2010 und die deutschen Platzierungen

JAHR	ORT	SIEGER/TITEL	LAND	FÜR DEUTSCHLAND AM START	PLATZ
1980	Den Haag (NL)	Johnny Logan What's another year	Irland	Katja Ebstein Theater	2 von 19
1979	Jerusalem (ISR)	Gali Atari mit Milk & Honey Hallelujah	Israel	Dschinghis Khan Dschinghis Khan	4 von 19
1978	Paris (FRA)	Izhar Cohen & The Alpha-Beta A-ba-ni-bi	Israel	Ireen Sheer Feuer	6 von 20
1977	London (GB)	Marie Myriam L'oiseau et l'enfant	Frankreich	Silver Convention Telegram	8 von 18
1976	Den Haag (NL)	Brotherhood Of Man Save your kisses for me	Großbritannien	Les Humphries Singers Sing Sang Song	15 von 18
1975	Stockholm (SWE)	Teach-In Ding-A-Dong	Niederlande	Joy Fleming Ein Lied kann eine Brücke sein	17 von 19
1974	Brighton (GB)	ABBA Waterloo	Schweden	Cindy & Bert Die Sommermelodie	14 von 17
1973	Luxemburg (LUX)	Anne-Marie David Tu te reconnaîtras	Luxemburg	Gitte Junger Tag	8 von 17
1972	Edinburgh (GB)	Vicky Leandros Après toi	Luxemburg	Mary Roos Nur die Liebe lässt uns leben	3 von 18
1971	Dublin (IRL)	Séverine Un banc, un arbre, une rue	Monaco	Katja Ebstein Diese Welt	3 von 18
1970	Amsterdam (NL)	Dana All kinds of everything	Irland	Katja Ebstein Wunder gibt es immer wieder	3 von 12
1969	Madrid (ESP)	Vier Erstplatzierte: Salomé Vivo cantando Frida Boccara Un jour, un enfant Lenny Kuhr De troubadour Lulu Boom Bang-A-Bang	 Spanien Frankreich Niederlande Großbritannien	Siw Malmkvist Primaballerina	9 von 16
1968	London (GB)	Massiel La La La	Spanien	Wencke Myhre Ein Hoch der Liebe	6 von 17
1967	Wien (A)	Sandie Shaw Puppet on a string	Großbritannien	Inge Brück Anouschka	8 von 17
1966	Luxemburg (LUX)	Udo Jürgens Merci Chérie	Österreich	Margot Eskens Die Zeiger der Uhr	10 von 18
1965	Della Canzone (I)	France Gall Poupée de cire	Luxemburg	Ulla Wiesner Paradies, wo bist du?	15 von 18
1964	Kopenhagen (DEN)	Gigliola Cinquetti Non ho l'eta (per amarti)	Italien	Nora Nova Man gewöhnt sich so schnell ...	13 von 16
1963	London (GB)	Grethe & Jørgen Ingman Dansevise	Dänemark	Heidi Brühl Marcel	9 von 16
1962	Luxemburg (LUX)	Isabelle Aubret Un premier amour	Frankreich	Conny Froboess Zwei kleine Italiener	6 von 16
1961	Cannes (FRA)	Jean Claude Pascal Nous les amoureux	Luxemburg	Lale Andersen Einmal sehen wir uns wieder	13 von 16
1960	London (GB)	Jacqueline Boyer Tom Pillibi	Frankreich	Wyn Hoop Bonne nuit, ma cherie	4 von 13
1959	Cannes (FRA)	Teddy Scholten Een beetje	Niederlande	Alice & Ellen Kessler Heute Abend wollen wir tanzen gehen	8 von 11
1958	Hilversum (NL)	André Claveau Dors, mon amour	Frankreich	Margot Hielscher Für zwei Groschen Musik	7 von 10
1957	Frankfurt (GER)	Corry Brokken Net als toen	Niederlande	Margot Hielscher Telefon, Telefon	4 von 10
1956	Lugano (SUI)	Lys Assia Refrain	Schweiz	Walter Andreas Schwarz Im Wartesaal zum großen Glück Freddy Quinn So geht das jede Nacht	keine Platzierungen, nur der Sieger wurde gekürt

Lenas Weg nach Oslo

„Am 1. Februar 2010 kannten Lena Meyer-Landrut nur ein paar Freunde und Mitschüler in Hannover. Dann folgte in knapp vier Monaten der kometenhafteste Aufstieg der deutschen Pop-Geschichte." Mit diesen Worten kündigt ARD-Kommentator Peter Urban Lenas Auftritt beim Eurovision Song Contest Finale 2010 in Oslo an. In nur 116 Tagen wurde Lena zum bekanntesten Mädchen Europas. Es begann in einer Castingbox in Köln und endete mit dem Sieg beim Eurovision Song Contest. Ein Rückblick.

Das Trio für die neue Show: Die Moderatoren Matthias Opdenhövel (l., u. a. Spielleiter bei „Schlag den Raab") und Sabine Heinrich (Radiomoderatorin bei EinsLive) mit Stefan Raab

DEUTSCHE TRISTESSE

Bislang war der europäische Musikwettstreit für Deutschland eher eine triste Kiste: Deutsche Beiträge schienen – besonders in den letzten Jahren – ein Abonnement auf die letzten Ränge zu haben. NDR-Intendant Lutz Marmor, der innerhalb der ARD für den Eurovision Song Contest zuständig ist, sucht für 2010 ein neues Konzept und prominente Hilfe.

EIN EHRGEIZIGES VORHABEN

Stefan Raab soll's richten. Der Moderator und Entertainer steht für ausgefallene und erfolgreiche TV-Ideen und kann bereits auf Grand-Prix-Erfolge zurückblicken. Mit Guildo Horn (1998), seinem eigenen Auftritt (2000) und Max Mutzke (2004) schaffte es Raab drei Mal unter die ersten zehn Plätze. Das gelang danach keinem anderen deutschen Beitrag mehr. Stefan Raab nimmt die Herausforderung an und verspricht, Deutschland wieder unter die besten zehn Beiträge Europas zu bringen.

ALLES NEU FÜR DEN MAI

Der klassische Vorentscheid wird ausgemustert. An seine Stelle tritt eine neue Castingshow: „Unser Star für Oslo". Prominente Gast-Juroren aus der Musikbranche sollen gemeinsam mit Stefan Raab und dem Publikum einen Vertreter für den Eurovision Song Contest 2010 in Norwegen finden.

Insgesamt acht Liveshows sind für „Unser Star für Oslo" (USFO) geplant. ARD und Pro7 wollen sie in einer bisher einmaligen Zusammenarbeit ausstrahlen. Das Casting-Konzept überzeugt auch Volker Herres, ARD-Programmdirektor. Er verteidigt deshalb die ungewöhnliche Zusammenarbeit mit dem Privatsender Pro7: „Wenn es um eine nationale Aufgabe geht, dann kenne ich keine Konkurrenten mehr, dann kenne ich nur noch Deutschland."

KANDIDATEN BRAUCHT DAS LAND

4.500 Talentierte bewerben sich für „Unser Star für Oslo", über Stefan Raabs „Castingbox" oder bei bundesweiten Veranstaltungen diverser Radiosender. Zwanzig davon können sich für die ersten beiden Liveshows Anfang Februar qualifizieren. Darunter auch Lena Meyer-Landrut. Sie hat in Raabs Castingbox vorgesungen. „Der Zufall wollte es so, dass ich zu dieser eigentlich total blöden Castingshow gegangen bin", wird sie später in einem Interview witzeln.

Stefan Raab und seine Schützlinge

Lena schafft es unter die besten sechs Kandidaten: (v. l. n. r.) Sharyhan Osman, Christian Durstewitz, Jennifer Braun, „El Presidente" Stefan Raab, Lena Meyer-Landrut, Leon Taylor und Kerstin Freking.

Die Gast-Jury um Raab setzt sich in jeder Sendung aus anderen hochkarätigen Musikern und TV-Stars zusammen. Hier diskutieren die Juroren Barbara Schöneberger und Jan Delay

LENAS DEBÜT BEI „UNSER STAR FÜR OSLO"

Bereits mit ihrem allerersten Auftritt in der Show fällt Lena auf. Anders als die restlichen Kandidaten singt sie einen eher unbekannten Song: Den Swingtitel „My same" von der britischen Künstlerin Adele. Jury und Publikum reißt es mit. Lenas Art ist anders – ein wenig schräg, unkonventionell und frech. Sie singt ihren Song nicht einfach nur, sie inszeniert ihn. Und nimmt sich dabei selbst nicht ganz so ernst. Für dieses Debüt erntet Lena eine wahre Applauswelle. Stefan Raab ist von ihrem ersten Auftritt „geflasht" und findet, dass man bei ihr keine „normalen Maßstäbe ansetzen kann". Und Gast-Juror Marius Müller-Westernhagen prognostiziert der Abiturientin sogar: „Vergiss ganz schnell, was ich dir jetzt sage, denn du sollst so bleiben, wie du bist. Aber du hast Star-Appeal – die Menschen werden dich lieben!"

ZWISCHEN ABIKLAUSUR UND SHOWBÜHNE

Die Begeisterung für Lena trägt sich auch durch alle anderen Entscheidungsshows. Neben Kandidat Christian Durstewitz zählt sie für alle Gastjuroren und das Publikum schnell zu den Favoriten. Bemerkenswert daran: Ganz nebenbei schreibt Lena ihre Abiturklausuren und findet trotzdem genug Power, um auf der Bühne zu überzeugen.

Ihre Star-Qualitäten beweist Lena im Casting-Halbfinale. Eindrucksvoll gibt Lena den fünf Jahre alten, in Deutschland unbekannten Song „Mr. Curiosity" des amerikanischen Sängers Jason Mraz zum Besten. Lena katapultiert sich damit kurzerhand ins Finale und das Lied in die deutschen Charts. Mr. Mraz freut sich über den unverhofften Erfolg seiner Single in Deutschland.

PER SATELLIT NACH OSLO

Am 12. März 2010 steht Lena neben Kandidatin Jennifer Braun im Finale von „Unser Star für Oslo". Beide treten mit drei Songs gegeneinander an. Die Zuschauer können nicht nur entscheiden, wer von beiden nach Oslo fahren soll. Sie stimmen auch ab, mit welchem Song die Gewinnerin Deutschland vertreten soll.

Zwei Titel davon, „Bee" und „Satellite", singen beide. Jeweils in ihrer eigenen Version. Der dritte Song ist etwas Besonderes. Er wurde extra für Lena und Jennifer geschrieben. Lenas Lied „Love me" ist ein Stefan-Raab-Werk, zu dem Lena selbst den Text schrieb. An Jennifers Rocknummer „Care for you" wirkte u. a. Raabs Entdeckung Max Mutzke mit, der selbst 2004 am Grand Prix teilgenommen hat.

Am Ende der Show steht fest: Unser Star für Oslo heißt Lena, ihr Song „Satellite". Der Rest ist Grand-Prix-Geschichte.

Viele Videos zur Show und zu Lena gibt es im Internet unter www.usfo.de.

Die letzten Zwei: Jennifer Braun und Lena Meyer-Landrut stehen im Finale von USFO

And the winner is …

Sabine Heinrich und Matthias Opdenhövel verbringen mit den Finalistinnen Jennifer Braun und Lena Meyer-Landrut spannende Minuten. Endlich wird auf der Leinwand das Ergebnis des Zuschauer-Televotings eingeblendet.

Freudentaumel

Lena gewinnt das Casting und fährt für Deutschland nach Oslo. Glauben kann sie's nicht: „Das ist so verdammt krass. Das ist so derbe. Ey, ich zitter." Während sie ihren Siegersong noch einmal zum Besten gibt, geht sie auf die Knie: „Ich bin fertig mit den Nerven. Alter Finne!"

Plötzlich berühmt

Noch in der Nacht nach dem Finale von „Unser Star für Oslo" dreht Lena das Video zu ihrem Song „Satellite". Dann folgt ihr erstes Album „My Cassette Player", das sie kurz vor den mündlichen Abiturprüfungen aufnimmt. Per Telefon feilt sie sogar an den Texten mit. Das Album steigt gleich an der Spitze der Charts ein. Gleiches schaffte sie bereits nach der Veröffentlichung ihrer ersten drei Singles. „Satellite", „Love Me" und „Bee"" waren in den Top Fünf der Singlecharts vertreten. Das ist bislang keinem Künstler zuvor gelungen.

Coole Sprüche

"Dankeschönst!"

"Ich mach erst mal Schnucki."

„Meine Gefühle sind geschockt!"

„Verdammte Axt, ist das geil."

„Ich habe voll Bock, olé, olé!"

„Aber sichi!"

„Nöööööht!"

„Ich bin super-mega-unerfahren."

„Das ist für mich ein Sahnetörtchen mit 18 Kirschen und bunten Streuseln."

„I heart you, Germany."

„Alter Finne!"

„Mein Leben hat sich total verändert und ich hab Spaß daran."

„Ich freu mich so hart."

„Platz 28 wäre nicht so geil. Alles ab zehn ist okay."

„Ich gehe atmen."

„Das ist alles viel für so einen kleinen Lena-Kopf."

„Ich danke 480 Millionen Mal wie ein kleines Hundebaby."

„Ich war so aufgeregt, dass ich dauernd pupsen musste."

Lena redet wie ihr der Schnabel gewachsen ist, spontan, aus dem Bauch heraus – und ohne Scheu vor Kraftausdrücken …

Stefan Raab – der Entdecker

Noch vor ihrem Grand-Prix-Auftritt landet Lena mit ihrem Entdecker Stefan Raab auf Thomas Gottsch

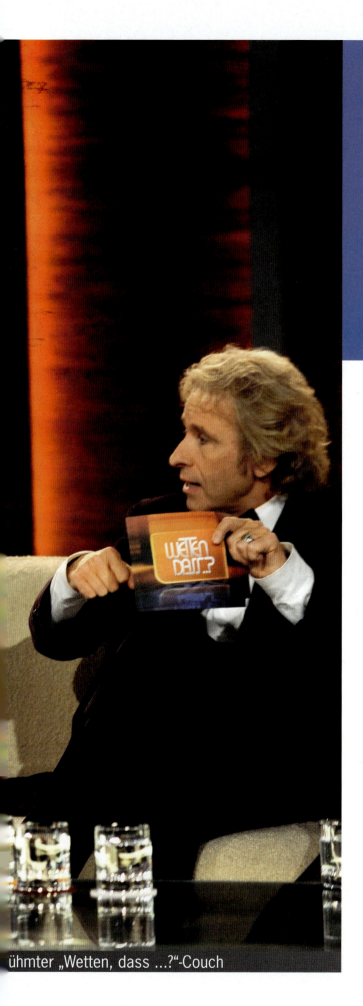
...ühmter „Wetten, dass …?"-Couch

Wo Lena ist, ist auch Stefan Raab nicht weit. Sie sind ein ungleiches Duo, der einstige Fernsehrüpel und das bezaubernde Mädchen, aber sie genießen den gemeinsamen Triumph in vollen Zügen. Für Stefan Raab ist es die Krönung einer zwanzig Jahre langen Fernsehlaufbahn – mit verrückten Ideen, vielen Prozessen und mehrfach gebrochenem Nasenbein.

VON DER WURST ZUR MAUS

Sein Lebensmotto hat Stefan Raab mal mit vier Worten definiert: „Ich will immer gewinnen." Er hätte sich dabei durchaus mit der elterlichen Metzgerei in Köln-Sülz begnügen können – Metzger bleiben schließlich immer Sieger. Jung-Stefan erlernte das ehrbare Fleischerhandwerk und schloss die Gesellenprüfung mit „Sehr gut" ab. Weil ihn die Arbeit mit dem Hackebeilchen nicht befriedigte, paukte er parallel an der Uni fünf Semester Rechtswissenschaften.

Schon als 20-Jähriger schrieb er erfolgreich Werbe- und TV-Jingles – für das ARD-Morgenmagazin, Bärbel Schäfer, Veronas Welt oder Blend-a-med. 1993 bewarb sich Stefan Raab beim Musiksender VIVA. Vier Jahre lang moderierte er frech die trashige Sendung „Vivasion" – den Vorläufer von „TV total". Seine „Raabigramme" (Spottlieder, die er Prominenten auf seiner Ukulele vorspielte) wurden Kult. 1994 veralberte er in der Sendung den glücklosen Bundestrainer bei der Fußball-WM mit einem Rap: „Wer sieht hinten aus wie vorn? Böörti Vogts, Böörti Vogts. Wer darf in der Nase bohrn? Böörti Vogts, Böörti Vogts." Das Lied schoss auf Rang Vier der deutschen Hitparade. Zwei Jahre später hatte Raab fast einen Nummer-Eins-Hit. „Hier kommt die Maus" – ein Kinderlied zum 25-jährigen Jubiläum der „Sendung mit der Maus".

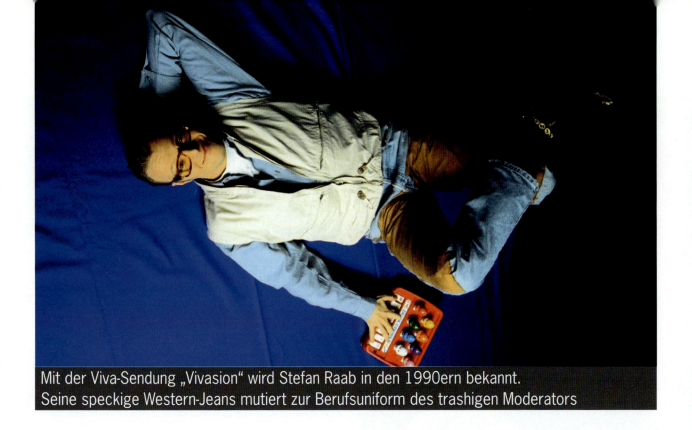

Mit der Viva-Sendung „Vivasion" wird Stefan Raab in den 1990ern bekannt. Seine speckige Western-Jeans mutiert zur Berufsuniform des trashigen Moderators

TV TOTAL

Im März 1999 kam ein Angebot von Pro7. Chef Marcus Wolter befand: „Er war so ganz anders, erfrischend, spontan, auffallend." Gemeinsam entwickelten sie die Show „TV total". Sie wurde bald wegen dramatischen Erfolgsdrucks von anfangs wöchentlicher Ausstrahlung umgestellt – auf vier Sendungen pro Woche. Die kultige Sendung, in der sich Stefan Raab nach wie vor rotzfrech mit dem aktuellen Zeitgeschehen und insbesondere dem Fernsehprogramm beschäftigt, brachte Stefan nicht nur Ruhm sondern auch etliche Klagen ein. Fünf Mille kostete ihn die Titulierung „Schwule Sau" gegenüber einem Künstler. Rüpel-Rapper Moses Pelham zerschmetterte Raabs Nasenbein, weil der ihn „Möschen" genannt hatte. Über den Namen Lisa Loch amüsierte sich Raab so ausdauernd, dass ihr das Gericht 70.000 Euro Schadenersatz zusprach. Und der NDR klagte über eine halbe Million ein, weil in „TV total" ungefragt Ausschnitte des ARD-Senders ausgestrahlt wurden.

EUROVISION SONG CONTEST

Schnee von vorgestern: Stefan Raab und der NDR sind inzwischen Blutsbrüder. Der NDR, traditionell Ausrichter des Eurovision Song Contest, kroch nach dramatischen Misserfolgen zu Kreuze und bat den Moderator um eine wahrhaft sensationelle Kooperation: Gemeinsam mit Pro7 sollte Stefan in einer Castingshow den Star für Oslo finden. Was bekanntlich mit Bravour gelang – am Ende blieb Lena Meyer-Landrut im Netz und Deutschland konnte einen Goldfisch nach Norwegen schicken.

Dreimal zuvor hatte Stefan Raab in den vergangenen zwölf Jahren bereits beim Song Contest mitgewirkt. 1999 schrieb er für den schrägen Guildo Horn „Piep, piep, piep, Guildo hat euch lieb" (Platz 7). 2001 dichtete und komponierte er für sich selber „Wadde hadde dudde da" (Platz 5). Und 2005 ging Max Mutzke mit der Raab-Nummer „Can't wait until tonight" an den Start (Platz 4). Lenas Erfolgstitel „Satellite" war der erste Raab-Eurovisions-Beitrag, zu dem er weder Noten noch Text geliefert hatte.

Längst schmücken Goldene Schallplatten als Erfolgssymbol sein Büro. Besonders gern verbrät er Tonschnipsel zu Juxsongs. Der „Maschendraht-Zaun" mit Einspielungen der unüberhörbar sächsischen Hausfrau Regina Zindler bescherte Raab drei „Goldene". Bundeskanzler Gerhard Schröder knödelte auf einer weiteren Scheibe „Hol mir ma ne Flasche Bier". Und der Grünen-Bundestagsabgeordnete Hans-Christian Ströbele war mit der Forderung „Gebt das Hanf frei" zu vernehmen.

1999 geht der populäre Moderator mit seiner neuen Show „TV total" auf Sendung

2004 gewinnt Max Mutzke „SSDSGPS" (Stefan sucht den Super-Grand-Prix-Star)

DIE KILLERPLAUZE

Ein Ziel blieb Raab allerdings verwehrt: Eine Karriere als Boxchampion. 2001 hatte er Regina Halmich, Boxweltmeisterin im Fliegengewicht, zum Geschlechterkampf herausgefordert. Das Duell vor sieben Millionen Zuschauer endete mit einem Niederschlag und einem gebrochenen Nasenbein für Großmaul Stefan. Es verschlug „Killerplauze" (Raab über Raab) nur zeitweilig die Sprache. Sechs Jahre später stieg er mit Regina Halmich erneut in den Ring. „Ich will Boxweltmeisterin werden!", verkündete die „Killerplauze", verlor erneut nach Punkten und gab sich bescheiden mit dem Titel „Boxvizeweltmeisterin" zufrieden. Angeblich sollen beide Kontrahenten je eine Million Euro für den vielbeachteten Kampf kassiert haben.

Von Boxweltmeisterin Regina Halmich lässt Raab sich zwei Mal die Fresse polieren

In chinesischem Küchengeschirr die Eisbahn runter – Stefan Raab bei der Wok-WM

Eine seiner zahlreichen Castingshows auf Pro7: Raabs „Bundesvision Song Contest"

MUTPROBEN

Die Kohle gilt nicht als wichtigste Triebfeder seiner Arbeit. „Stefan hat jeden Tag zehn Showideen", sagt ein Mitarbeiter der TV-Produktionsfirma „Brainpool", an der Raab beteiligt ist. Als Wetteinsatz bei „Wetten dass..." bot er 2003 an, die Rodelbahn in Winterberg auf einem Wok herunterzurasen. Aus der umjubelten Bratpfannen-Rutschpartie entstand die „Wok-Weltmeisterschaft", die seither jährlich ausgetragen wird. Eine ganze Kette ähnlicher Wettbewerbe folgte – vom „TV total Turmspringen" über Stockcar-Rennen und Pokernächte bis zur Autoball-Europameisterschaft.

2006 forderte Pro7 erstmals auf: „Schlag den Raab". Der Moderator stellt sich mutig einem Kandidaten, der bei Sport- oder Wissensaufgaben gegen ihn antritt. Das Preisgeld beträgt eine halbe Million. Gewinnt der Kandidat, kassiert er. Gewinnt Raab, erhöht die Summe den Jackpot fürs nächste Mal. Bei den 23 Sendungen bis Mai 2010 gewann nur sieben Mal ein Kandidat. Das Format läuft so erfolgreich, dass Raab das Konzept bereits – neben anderen TV-Ideen – in 14 Länder verkaufen konnte.

GEHEIMNISSE

Privat erleben ihn seine Mitarbeiter fast nie. Auch die Kölner Gesellschaft nicht. Er geht selten auf eine Party, trifft sich auch kaum mal in einer Kneipe mit Leuten. Fragen nach seinem Privatleben schmettert er ab: „Das interessiert doch keinen." Tut's natürlich doch, auch wenn er es abschirmt wie der Papst oder die Aldi-Brüder. Seine Agentur veröffentlicht noch nicht mal das genaue Geburtsdatum (20. Oktober 1966 in Köln). Mit Mühe ist herausgekommen, dass er mit seiner Lebensgefährtin Nike zwei Töchter hat und in einer Kölner Villensiedlung mit prominenten Nachbarn lebt. Sicherheitsleute bewachen die Anlage.

RAMPENSAU

Dabei ist Stefan Raab das, was man im Showgewerbe eine „Rampensau" nennt. Er genießt es, vorne zu stehen. Bei Max Mutzkes Eurovisions-Auftritt zupfte er als Bühnenmusiker hinter ihm an der Gitarre. Und auch bei Lenas Oslo-Triumph präsentierte er dermaßen enthusiastisch die Deutschlandflagge, dass ausländische Zuschauer ihn wahrscheinlich für den Bundespräsidenten hielten. Lenas Sieg ist auch seiner, und so spricht er auch nicht von „Lenas Plänen", sondern von „unseren Plänen."

CASTINGS

„Unser Lied für Oslo" war das Highlight einer ganzen Reihe von Castingshows, mit der Stefan Raab die TV-total-Sendung garnierte und sich dabei von einer bisher unbekannten Seite zeigte. Seine Kandidaten zieht er nicht durch den Kakao. Im Gegenteil, er ist fair und beweist Musik-Know-How. Als Hommage an den Eurovisions-Wettbewerb erfand er 2005 den „Bundesvision Song Contest" – Künstler aus den

Bundesländern treten gegeneinander an. Und als Jux-Pendant zu Dieter Bohlens DSDS („Deutschland sucht den Superstar") war die Show SSDSDSSWEMUGABRTLAD gedacht. Die griffige Abkürzung bedeutet: „Stefan sucht den Superstar, der singen soll, was er möchte und gerne auch bei RTL auftreten darf". Die Schweizerin Stefanie Heinzmann („My man is a mean man") startete als Siegerin eine Showkarriere. Auch Raabs Assistent Elton, vom Meister inzwischen zum „Oberpraktikanten" ernannt, hat längst eigene Shows bei Pro7. Im Herbst 2010 übernimmt er sogar die Moderation der legendären ZDF-Kindershow „1, 2 oder 3".

UNTERNEHMER

An allem und jedem verdient Stefan Raab mit. Neben seiner Beteiligung an Brainpool gehört ihm die TV-Produktionsfirma Raab TV zum Großteil, außerdem hat er Anteile an den Firmen Pocher TV und Elton TV. Er besitzt ein eigenes Plattenlabel (RARE) und den Musikverlag Roof Groove.

Alles nix gegen die Entdeckung „unseres Stars für Oslo", unserer Lena. Stefan Raab hat damit eine Grenze überschritten – vom deutschen Fernsehstar zum internationalen Macher. Wie gut, dass ein Mädel mit den hübschen Beinen auf dem Boden bleibt: „Alles wunderbar", kommentiert Lena auch in Richtung ihres Mentors Stefan. „Aber kein Grund, jetzt durchzudrehen."

Gekämmt und gebügelt: Stefan Raab bekommt von Kai Pflaume den Bayerischen Fernsehpreis 2010

Preisgekrönte Karriere

1995
Goldene Stimmgabel

1996
Goldener Löwe: Bestes Jugendprogramm (Vivasion)

1997
Echo: Bester Nationaler Produzent des Jahres

1999
Deutscher Comedypreis: Beste Moderation (TV total)
Deutscher Fernsehpreis: Beste Unterhaltungssendung (TV total)

2000
Echo: Bester Nationaler Produzent des Jahres
Österreichischer Fernsehpreis Romy

2004
Goldene Kamera: Bester TV-Entertainer

2005
Adolf Grimme Spezial-Preis: Für das Format „SSDSGPS"
Echo: Bester Nationaler Produzent Medienpartner des Jahres

2006
Goldener Prometheus: Coup des Jahres (TV total Bundestagswahl)

2007
Deutscher Fernsehpreis: Beste Unterhaltungssendung (Schlag den Raab)

2008
Goldene Kamera: Beste Unterhaltung (Schlag den Raab)
Bambi: Entertainment

2009
Herbert Award: Beste TV-Sportsendung (TV total Turmspringen)

2010
Bayerischer Fernsehpreis: Unser Star für Oslo

Rundumbetreuung für Lena: Während der aufregenden Woche in Oslo weicht Stefan nie von ihrer Seite. Er lenkt Lenas Karriere auch in den nächsten Jahren

Lenas Welt

Jede Zeitung und jeder Radio- und TV-Sender hat mittlerweile über Lena Meyer-Landrut berichtet. Ganz Europa liebt sie. Sie scheint die unglaubliche Aufmerksamkeit zu genießen, die ihr die Fans und Medien entgegenbringen. Was Lena auf der Bühne und mit ihrer Musik zu geben hat, zeigt sie gern der Öffentlichkeit. Aber von ihrem Privatleben weiß man nur ganz wenig. Das ist ihr Geheimnis ...

Wie ein großer Bruder schützt Stefan Raab Lena vor zu aufdringlichen Journalisten

NO COMMENT

Von Anfang an hat sich Lena vorgenommen, ihre Familie und ihr Leben als Privatmensch aus den Berichten über sie herauszuhalten. Fragen nach ihrem Privatleben, vor allem nach einem Freund, beantwortet sie grundsätzlich mit: „Kein Kommentar!", „I don't talk about my private life." oder sie erfindet – ganz in Lena-Manier – verrückte Geschichten von diversen Hochzeitsversprechen. In Thomas Gottschalks „Wetten, dass...?"-Show alberte sie: „Ich bin gerade zum achten Mal zwangsverheiratet." Wenn Journalisten sauer reagieren und ihr Star-Allüren oder Arroganz unterstellen, lässt sie das absolut kalt.

STEFAN PASST AUF

Unterstützt wird sie dabei von ihrem Förderer und Vertrauten Stefan Raab. Der Musik- und Medienprofi ist davon überzeugt, dass ein Star der Boulevardpresse nicht sein komplettes Leben offen legen muss. Er selbst hält Privates raus aus dem Job und riet Lena, das Gleiche zu tun. „Er wird dafür sorgen, dass sie nicht zu schnell verschlissen wird", glauben Musikexperten wie Hubert Wandjo von der Popakademie Baden-Württemberg.

SCHULSTRESS

Während die Castingshow „Unser Star für Oslo" lief, stand Lena mitten im Abi-Stress. Parallel musste sie an ihrer Penne, der Gesamtschule Roderbruch in Hannover, die schwierigen Prüfungen abliefern. Ob sie ihr Abitur bestanden hatte, wusste sie beim Auftritt in Oslo noch nicht. Umso größer war die Bewunderung für Lenas Belastbarkeit. Das Multi-Tasking liegt nicht jedem. Lena hielt dem Druck stand. Ihr Schuldirektor Bernd Steinkamp beschreibt seine prominente Schülerin als „lebenslustig und unkonventionell".

LENAS FAMILIE

Lena ist am 23. Mai 1991 in Hannover geboren. Sie wuchs wohlbehütet und in geordneten Verhältnissen bei ihrer Mutter auf. Die Eltern hatten sich getrennt, als Lena zwei Jahre alt war. Während die Mutter sich sehr im Hintergrund hält, meldete sich Lenas Vater Ladislas Meyer-Landrut, 48, zu Wort. 16 Jahre lang hatte der coole Musiker mit Pferdeschwanz seine Tochter nicht gesehen – und den Mut, sie anzurufen, hatte er vor dem Oslo-Grand-Prix nicht: „Ich bin doch nur Erzeuger", sagt der Gitarrist, der bei Köln in einer kleinen Wohnung lebt. „Ich möchte jetzt keinen Kontakt zu Lena aufnehmen, das würde komisch aussehen." Stolzer Papa ist er trotzdem.

Der Vater von Ladislas, Lenas Großvater, war ein prominenter Diplomat. Dr. Andreas Meyer-Landrut vertrat die Bundesrepublik in schwierigen politischen Zeiten

Lenas Opa (l.) mit dem sowjetischen Ex-Außenminister Gromyko 1987

als Botschafter in Moskau und in Brazzaville (Kongo). Nach der deutschen Wiedervereinigung leitete er das Büro von Bundespräsident Richard Weizsäcker. Lenas berühmter Opa, inzwischen 81, lebt heute in Moskau und Köln.

LENAS BESTE FREUNDINNEN

Sie heißen Naomi und Wiebke und kommen auch aus Hannover. Zu Lenas 19. Geburtstag, den sie eine Woche vorm Finale des Eurovision Song Contests in Oslo feierte, wurden die beiden Freundinnen direkt in die norwegische Hauptstadt eingeflogen und feierten mit Lena in ihren Geburtstag rein. Natürlich waren sie auch bei den Proben dabei und absolut begeistert vom Auftritt ihrer Freundin.

ALEXANDER – LOVE, OH LOVE?

Alexander Rybak klaute sich beim Gratulieren einen Kuss von Lena. Der Vorjahres-Gewinner des Eurovision Song Contests überreichte Lena die Gewinnerstatue. Dabei küsste er sie zunächst auf die Wange, drehte sich dann aber so um, dass er sie auf den Mund knutschen konnte. Lena jedenfalls reagierte souverän wie immer. „Zum Glück. Bei Lena hätte es mich nicht gewundert, wenn sie mir eine reingehauen hätte", lachte Rybak nach der Veranstaltung. Auch als der Norweger behauptete, dass er in Lena verliebt sei, blieb sie schlagfertig: „Ist doch bekannt, dass Alexander Rybak und ich seit drei Jahren eine Beziehung haben, wir heiraten demnächst ..." Zumindest musikalisch könnte aus den beiden was werden. „Ich habe einen Traum mit Lena, und zwar für sie einen Song zu schreiben und ihn mit meinem Produzenten in Schweden aufzunehmen", verriet Rybak kürzlich der Presse.

Mit einem kleinen Trick staubte Alexander Rybak einen Kuss von Lena ab

Lenas Glücksbringer – der Anhänger um den Hals und ihr Tattoo am linken Arm

LENAS TATTOO

Wie man bei ihren Auftritten erkennen kann, trägt Lena eine Lilie auf dem linken Arm. Was das Tattoo zu bedeuten hat verrät Lena natürlich nicht. Manche glauben aber, dass die Ritterlilie ebenso wie ihr Anhänger, den sie immer um den Hals trägt (eine Mischung aus Taube und Kreuz) Symbole für die ökumenische Glaubensgemeinschaft von Taizé (Frankreich) sind. Im Sommer 2008 hatte Lena mit einer katholischen Gruppe an einem Jugendtreffen der Gemeinde dort teilgenommen und eine Woche im Kloster von Taizé verbracht. Ein „Stern"-Reporter befragte sie nach ihrer Religiosität. Lena: „Es ist nicht so, dass ich tägliche Bet-Rituale habe, aber Glauben spielt in meinem Leben eine wichtige Rolle."

VIEL LÄRM UM NICHTS: DIE NACKTSZENE

Im Mai 2010 wurde bei RTL eine Nackt-Szene von Lena in einem Pool entdeckt. Lena, die bereits in Fernsehsendungen wie „K11" oder „Richter Alexander Hold" mitgespielt hatte, war in einer Pool-Szene mit blankem Busen zu sehen. In der Sendung „Bitte helfen sie mir" spielte sie die kurze Liebeszene mit einem jungen Mann.

DEMNÄCHST KINO-STAR?

Eigentlich, sagt Lena, hatte sie immer den Wunsch, Schauspielerin zu werden. Der Traum kann in Erfüllung gehen. Schon kurz nach ihrem Auftritt in Oslo schwärmte Regisseur und Schauspieler Till Schweiger: „Ich sehe in Lena eine junge Nora Tschirner." Wenn er eine Rolle hätte, die altersmäßig zu ihr passt, würde er Lena sofort einladen. Produzent Michael Souvignier hat schon jetzt ein Drehbuch für sie: „Eine großartige, berührende Rolle für Lena. Sie ist ihr auf den Leib geschneidert."

TANZEN UND SINGEN

Dass sich Lena ausgesprochen gut und natürlich bewegen kann, ist keine Frage. Seit sie fünf Jahre alt ist, hat Lena Tanzunterricht bekommen. Sie fing, wie viele kleine Mädchen, mit Ballett an und wechselte dann später zu Jazz- und Show-Dance. Sie kann leidlich Klavier spielen. Aber Notenlesen, gibt sie zu, ist nicht ihre Stärke. 2007 gründete Lena mit einem Schulfreund das Musikduo „Stenorette 2080" – benannt nach einem Diktiergerät. Als musikalische Vorbilder hat sie in Interviews die englischen Künstlerinnen Kate Nash und Adele genannt, außerdem die deutsche Gruppe Wir sind Helden und den Songwriter Thomas Hübner, der unter dem Namen Clueso mit seiner Liveband auftritt.

Clueso aus Erfurt gehört zu Lenas musikalischen Vorbildern

LENA FOR PRESIDENT
Deutschland im Freudentaumel: Zum ersten Mal seit 1982 wurde das Land Sieger beim Eurovision Song Contest. Als wenige Stunden nach Lenas Triumph in Oslo Bundespräsident Horst Köhler zurücktrat, füllten – natürlich nicht ganz ernst gemeinte – Forderungen die Blogs, doch bitte Lena zum Nachfolger zu wählen. Der erfolgsverwöhnten 19-Jährigen traute man anscheinend alles zu! Die Süddeutsche Zeitung recherchierte die Möglichkeit ganz ernsthaft, fand aber heraus, dass schon allein Lenas Alter ihren Aufstieg zum Staatsoberhaupt verhinderte: Das Mindestalter liegt bei 40 Jahren.

ORDEN UND EHREN
Schon zwei Tage nach ihrem Eurovisions-Sieg schlug die CDU-Jugendorganisation Junge Union vor, Lena und Stefan Raab das Bundesverdienstkreuz zu verleihen. Und in der Stadt Mettenheim in Rheinland-Pfalz wollten Einwohner sogar eine Straße nach Lena Meyer-Landrut benennen. Die Sängerin sieht sich allerdings weniger als Nationalheldin: „Es ist doch nur Unterhaltung, nur Musik", sagt sie. „Deshalb drehe ich doch nicht durch."

FANARTIKEL
Lenas erstes Fan-Shirt tauchte pünktlich zum Oslo-Auftritt bei Tchibo online auf. Merchandising ist ein wichtiges Thema für Stars, denn echte Fans wollen möglichst viel von ihrem Idol besitzen. Auch Buttons und andere Fan-Artikel von Lena gibt es mittlerweile schon einige im Internet zu kaufen – zum Beispiel auf Lenas offizieller Homepage oder auf www.bravado.de.

Lena-Homepage: www.lena-meyer-landrut.de
Lenas Fanclub: www.lenameyerlandrut-fanclub.de

FAKE ODER FANTASTISCH: LENAS ENGLISCH
Für Deutsche klingt Lenas Englisch außergewöhnlich gut. So gut, dass viele über mögliche englischsprachige Vorfahren spekulierten. Weil es die aber nicht gibt, soll Lenas Englischlehrer für ihren kuriosen Akzent verantwortlich sein. So erzählt sie es regelmäßig in Interviews.

Wo kommt er aber her – Lenas Akzent? Meinungen gibt es viele. „Das ist eindeutig australisches Englisch", sagte Frank Mistler, Englischlehrer am Kölner Dietrich-Bonhoeffer-Gymnasium einer Kölner Tageszeitung. „Typisch für den australischen Akzent ist der Ei-Laut". Lena singt schließlich in ihrem Hit „Satellite" das Wort „Day" wie „Dei". Andere finden, Lena versuche sich am Londoner Cockney-Dialekt oder am vornehmen „Oxford English". Fest steht, dass Lena einen eigenwilligen britischen Akzent hat. Den Lenakzent eben – und der ist zu einem ihrer Markenzeichen geworden.

Vor 25 Jahren hatte Nena mit ihren „99 Luftballons" einen Welthit – sie wirkte damals ähnlich unkompliziert wie Lena. Für die Eurovisionssiegerin – hier über den Dächern von Oslo – wird es ebenso hoch hinausgehen, prophezeien Experten

Trendsetterin

Bei Modeketten und Optikern steigt die Nachfrage nach Lenas lässigem Look. Alle Mädels wollen aussehen wie sie. Ob Longshirts, schlichte Kleider, Boyfriend-Jeans mit Löchern, Mützen, coole T-Shirts, Canvas-Schuhe oder fesche Streberbrille. Lenas Style ist tragbar und bezahlbar. Das macht ihn so erfolgreich.

SCHLICHT KOMMT AN

Lenas dezenter Stil hat nicht nur ihre Fans, sondern offenbar ganz Europa überzeugt. Während ihre Konkurrenz beim ESC auf krasse Effekte setzte, blieb Lena auch auf der glamourösen Bühne in Oslo ganz bei ihrem bewährten Look. Die hoch gewettete Safura aus Aserbaidschan trug ein mit Leuchtstoffröhren aufgemotztes Outfit und verlor. Außerdem gab es Schmetterlingsflügel aus Weißrussland, Blätterkostüme aus der Slowakei und Vogelmenschen aus Malta. Dass dieses Spektakel von der schlicht gewandeten Lena dominiert wurde, ist vielleicht ein Zeichen in Richtung mehr Qualität und weniger Hokuspokus beim Eurovision Song Contest.

LENA GANZ CASUAL

Wenn sie nicht auf der Bühne steht, trägt Lena gern ganz normale Freizeitsachen. T-Shirt, gemütliche Jeans und Turnschuhe – so klassisch ihr Outfit für den Auftritt aussieht, so lässig ist es im Alltag. Das After-Work-Feeling („Ich muss mich jetzt nicht mehr anstrengen.") kam vor allem bei ihrer Ankunft in Hannover nach dem großen Triumph gut rüber, als Lena im lustigen Ringel-T-Shirt mit gepunktetem Halstuch und Blumenkranz in Deutschland-Farben aus dem Flieger stieg.

GUT BEDECKT

Bei den ersten Interviews trug Lena am liebsten eine Strickmütze. Die weiten „Long Beanies" mit dem lässigen Skater-Image sind ein ausgesprochen cooles Accessoire, mit dem Mädchen beweisen, dass sie es nicht nötig haben, sich aufzubrezeln. Aber auch der klassische schwarze Hut steht Lena sehr gut, am liebsten kombiniert mit schwarzem Männer-Jackett und langen Ketten im Hippie-Stil.

Lenas Style fürs Finale in Oslo

"Ich zieh' keinen Glitzerfummel an!"

FRISUR
Ihre schönen langen dunklen Haare trägt Lena offen, gestylt in lockeren Wellen.

SCHNEEWITTCHEN-MAKE-UP
Porzellan-Teint, rauchig-dunkel geschminkte Augen und glänzend rote Lippen: Lenas Gesicht wirkt zart und zerbrechlich wie bei Schneewittchen.

SCHMUCK
Das eng anliegende Halsband verleiht Lena – zusammen mit ihrem Tattoo auf dem linken Oberarm – einen etwas verruchten Touch.

KLEID
Das klassische kleine schwarze Abendkleid steht Lena fantastisch. Kleine Raffungen an der Seite geben dem Kleid ein bisschen mehr Pep.

STRUMPFHOSE
Statt Glitzerzeug oder viel Haut zeigt Lena ihre perfekt geformten Beine in einer blickdichten Strumpfhose. Ihre ganze Silhouette wirkt dadurch noch schmaler und länger – und ihre Erscheinung extrem cool.

SCHUHE
Zur schwarzen Strumpfhose gehören schwarze Pumps mit kleinem Plateau und hohem Absatz. Die Schuhe sind ganz schlicht – "Ich fand die anderen zu ablenkend", erklärte Lena

Was bringt die Zukunft?

Klar, Lena hat in kürzester Zeit eine Karriere hingelegt, von der andere Stars nur träumen dürfen. Von unbekannt nach mega-prominent. Was mag da noch kommen? Eine Europatournee? Bestimmt, schließlich erliegt ganz Europa Lenas Charme. Eine neue Platte? Den Drive dafür hat sie garantiert. Die Titelverteidigung beim nächsten ESC im eigenen Land? Wer weiß. So oder so hat Lena Musikgeschichte geschrieben. Und wenn sie ihrer Art treu bleibt, steht ihr garantiert eine lange Karriere bevor.